Supplément à la *Semaine Religieuse* du 21 Octobre 1926.

N° 29.

# LETTRE PASTORALE

DE MONSEIGNEUR

## L'ARCHEVÊQUE DE BESANÇON

Au Clergé et aux Fidèles de son Archidiocèse

SUR LES

## Prêtres Martyrs Franc-Comtois
### de la Révolution française

BESANÇON

IMPRIMERIE CATHOLIQUE DE L'EST

—

1926

# LETTRE PASTORALE

### DE MONSEIGNEUR

## L'ARCHEVÊQUE DE BESANÇON

#### Au Clergé et aux Fidèles de son Archidiocèse

##### SUR LES

### Prêtres Martyrs Franc-Comtois de la Révolution française

---

Joseph-Marie-Louis HUMBRECHT, par la grâce de Dieu
et du Saint-Siège Apostolique, Archevêque de Besançon.

*Au Clergé et aux Fidèles de Notre Archidiocèse,*
*salut, paix et bénédiction en Notre-Seigneur Jésus-Christ.*

Nos Très Chers Frères,

La nouvelle que Nous sommes heureux de vous annoncer sera pour
Notre diocèse un sujet de grande joie et d'édification. L'enquête prescrite
par Nous sur le Martyre et la réputation de Martyre des prêtres massacrés
dans Notre diocèse, pendant la période révolutionnaire, est terminée ;

les témoins sont relevés de l'obligation du secret, et la Clôture du procès d'information préalable a eu lieu le 9 février dernier, en Notre Métropole, sous Notre Présidence, et devant une foule de fidèles profondément recueillis ; enfin, le dossier a été porté à Rome par M. le chanoine Musy, le 18 du même mois, et remis, pour étude définitive, à la Congrégation des Rites.

*
* *

Avant de vous dire quelles sont les espérances que fait naître en Nous cette première phase de la Cause de béatification des serviteurs de Dieu, l'honneur de la Franche-Comté, Nous voudrions vous exposer les labeurs entrepris, dès la première heure, pour leur future glorification. Car, déjà, au moment même où les nobles victimes consommaient leur sacrifice, le peuple chrétien, mû assurément par l'action du Saint-Esprit, exprimait sa conviction que ces soldats du Christ étaient tombés pour la cause sacrée de la religion. — Que signifiaient, en effet, à l'heure des exécutions, cet empressement des foules à vénérer les dépouilles des Confesseurs de la foi, à arracher des lambeaux de leurs vêtements, — — à tremper dans leur sang des linges qu'ils conservaient comme de saintes reliques, — à obtenir du bourreau ou de ses aides, la corde d'attache au poteau, les linges ensanglantés ? Pourquoi ces ossements — main de l'abbé Patenaille, doigt de l'abbé Perrin, jambes du P. Grégoire — prélevés sur les cadavres et conservés pieusement dans les familles, les Communautés ou les paroisses ? Pourquoi le prix inestimable accordé aux lettres écrites par ces hommes apostoliques du fond de leur prison ou avant de mourir ? Et comment expliquer les copies de ces mêmes lettres qui se multiplièrent, se répandirent en tous lieux, et dont un grand nombre a été conservé jusqu'à nos jours ? Pourquoi enfin, la vénération des portraits des abbés Galmiche, Perrin, Patenaille et du P. Grégoire ? Sinon parce que nos héros faisaient aux yeux de tous figure de martyrs.

Et non seulement les masses populaires, souvent au péril de la vie, entourèrent, de respect et d'amour les intrépides missionnaires, fusillés ou guillotinés en ces temps de persécution, mais les esprits cultivés eurent aussi le pressentiment de leur solennelle glorification par l'Église. — C'est ainsi que le capucin Demandre, en religion P. Firmin, professeur de théologie, se fit un devoir, peu de jours après leur mort, de dresser, d'accord avec des témoins dûment informés et de haute moralité, le procès-verbal de reconnaissance des reliques des prêtres Galmiche, Jacquinot, Martelet, Lapierre et Perrin, déclarant authentiques les chemises ensanglantées qu'ils portaient au moment de leur exécution ainsi que le mouchoir avec lequel l'abbé Jacquinot eut les yeux bandés. C'est ainsi que le missionnaire Boudot s'enhardit, courant les plus grands dangers, jusqu'à déterrer et à sectionner, pour les embaumer ensuite, les jambes du P. Grégoire. C'est ainsi que le bisontin Laviron et sœur Grimont, religieuse du Refuge — celle-ci toutefois avec quelques inexactitudes de détails, — consignèrent par écrit ce qu'ils avaient vu ou entendu. C'est ainsi, enfin, que des notices historiques furent ébauchées, comme celles sur les abbés Huot, Tournier et Capon, conservées dans les Archives des Capucins de Sigolsheim, en Alsace, et celle sur le P. Grégoire, datée du 2 mars 1796, six semaines après le décès de celui-ci, et à la fin de laquelle on lit ces mots significatifs :

« Le R. P. Grégoire est le douzième des prêtres du diocèse de Besançon qui, depuis le commencement de la Révolution Française, ont eu le bonheur de donner leur sang en témoignage de leur foi. On a envoyé à Rome des Notices relatives à MM. Louis-Joseph-Théodore Roch, vicaire de Jonvelle, — Augustin Roch, son cousin, vicaire de Landresse — Claude-Joseph Robert, vicaire de Guyans-Vennes, Claude-François Renel, vicaire de la paroisse de la ville de Dôle. — Les circonstances n'ont pas encore permis de se procurer les renseignements suffisants sur les autres, qui sont MM. Capon, vicaire de Lantenne ; Huot, vicaire en chef de la Grange ; Tournier, vicaire de Passonfontaine ; Dom Lessus, Chartreux ; les PP. Zéphirin et Élisée, capucins ; et le P. Cortot, Cordelier conventuel. »

« L'antique Église de Besançon conservera soigneusement dans ses fastes, les noms de ses enfants chéris qui ont mérité de marcher sur les traces des saints Ferréol et Ferjeux, ses premiers apôtres. »

Après ces lignes si pleines d'intérêt, Nous pourrions déjà donner N. T. C. F., la conclusion que vous attendez, mais il nous plaît de citer encore les *Mémoires*, pour servir à l'histoire de la Persécution française, recueillis par les ordres de Pie VI en 1795-96, dans lesquels l'abbé Hesmivy d'Auribeau, s'inspirant sous doute des notices précédentes, mentionne le martyre des abbés Huot, Tournier, Capon, Renel, Robert, du P. Zéphirin, de Dom Lessus, des abbés Roch, des PP. Élisée et Cortot : la vie aussi et le martyre du P. Grégoire, livre anonyme, probablement, au moins en partie, de Descharrières, et qui, publié à Paris en octobre 1796, eut quatre éditions en divers lieux jusqu'en 1800 : de même, les articles très étudiés, insérés en Allemagne même, à Augsbourg, dans le Journal *der Religion Wahrheit und Litteratur de* 1799 *à* 1801, et Nous aurons prouvé péremptoirement, que les contemporains — peuple et gens instruits — furent d'accord pour voir, en nos prêtres massacrés, des héros, fidèles à leur foi et condamnés en haine de cette foi.

Mais alors, après tous ces témoignages, pourquoi l'ouverture du procès canonique a-t-elle tant tardé ? Quelques-uns, en apparence à bon droit, s'en sont étonnés. Nous leur devons, la réponse nécessaire.

En vérité, N. T. C. F., un siècle devait s'écouler avant qu'il ne fût question d'instituer un tribunal pour connaître la cause de béatification en déclaration de martyre des vaillants en Israël, mais Dieu suscite les initiatives quand il Lui plaît et choisit son heure. — En fait, rien n'était possible de 1800 à 1815, car les passions étaient à peine assoupies et la France uniquement désireuse de rentrer dans l'ordre et la paix. D'autre part, le silence qui fut imposé au lendemain de la Révolution, un peu dans toute la France, était inspiré par un désir de pacification, et avait aussi pour but de faciliter aux bourreaux eux-mêmes, en ménageant leur susceptibilité, le remords et la conversion. — Et puis, il y avait tant de ruines à relever, tant de plaies à panser !

Toutefois, pour être moins mise en relief, la réputation de martyre de nos prêtres n'avait jamais subi d'éclipse. Le discrédit jeté, surtout dans les campagnes et de façon persistante, sur ceux et sur les familles mêmes de ceux qui avaient trempé leurs mains dans leur sang, était un témoignage indirect aux victimes et maintenait la tradition. Les prières faites au sein des familles dans les heures douloureuses ; les pèlerinages pieux entrepris au tombeau des Dom Lessus, des Renel, des Robert, pour obtenir des guérisons, souvent accordées, n'avaient point d'autre sens.

Mais voici qu'en 1815, l'autorité ecclésiastique n'hésita plus à recueillir les éléments d'une documentation positive qui pourrait être utilisée le jour où la Cause de la béatification des Confesseurs de la foi entrerait dans la voie canonique. Ce sera l'honneur de Mgr de Chaffoy, vicaire général et supérieur de la Congrégation des Religieuses Hospitalières de Notre-Dame des Sept-Douleurs, et de MM. les Directeurs du Grand Séminaire, en particulier de l'abbé Breuillot, leur économe, d'avoir constitué et conservé, avec un soin jaloux, les plus riches dossiers.

Ils recueillirent tout d'abord le témoignage des contemporains des saintes victimes, voire même des témoins oculaires et auriculaires de leur héroïsme — tel celui du curé de la Vèze enfermé dans la même prison que l'abbé Perrin — tel celui du curé de Pelousey qui a écrit une notice sur les derniers instants de l'abbé Jacquinot. — En même temps, les autographes des martyrs ou leurs copies furent recueillis, les Archives publiques et familiales furent fouillées, le tout constituant une liasse énorme de documents variés dont Mgr de Chaffoy tira ses *Notices historiques sur les prêtres du diocèse de Besançon condamnés à mort ou déportés pendant la fin du XVIII<sup>e</sup> siècle*, ouvrage qui parut en 1820 et eut en 1821 une seconde édition aussi rapidement enlevée que la première.

A la même date, et s'inspirant souvent des mêmes sources pour la région Comtoise, l'abbé Carron éditait à Paris ses quatre gros volumes *Des Confesseurs de la foi de l'Eglise gallicane*, aussitôt traduits en langue allemande, à Mayence, par l'abbé Raess, plus tard évêque de Strasbourg et M. Weiss. L'année suivante, l'abbé Guillon leur faisait écho dans ses *Martyrs de la Foi pendant la Révolution* (Paris 1821).

Ajoutons enfin que, sans méconnaître le tribut d'hommages apporté à nos prêtres par le *Martyrologe du Clergé Français* (Paris 1840) et par



7

l'*Histoire des Diocèses de Besançon* et de *Saint-Claude* de l'abbé Richard (Besançon 1851), Sauzay, par son *Histoire magistrale de la Persécution Révolutionnaire dans le Département du Doubs* (Besançon, 10 vol., 1867-73) consacra à jamais la gloire de nos martyrs et mit leurs actes en un relief puissant. Personne ne le dépassa pour l'exactitude du récit. Inspirateur, dans la suite, de nombreux travaux similaires — histoires ou monographies, — Sauzay fut presque toujours mis à contribution, sans qu'on eût pu l'égaler.

Il appert donc, de tout ce que nous venons de dire, que les historiens, sans créer la « fama » ou « réputation » de martyre de nos prêtres, lui donnèrent cependant une vaste extension et en établirent le bien fondé par leurs mémoires ou leurs récits. Aussi bien, vers la fin du siècle dernier, la vénération populaire put-elle se donner libre cours dans les centenaires célébrés à Noël-Cerneux, Lantenne, Guyans-Vennes, Provenchère, Landresse, Soye, Vesoul, Saint-Loup, Ainvelle, Échenoz-la-Méline, Villedieu-en-Fontenette, Loray : dans ces plaques, aussi, d'un style lapidaire impeccable, apposées aux murs des églises qu'illustrèrent nos héros par leur baptême, leur ministère ou leur mort : également dans cette affluence des foules, que relatèrent la presse et la *Semaine Religieuse du Diocèse*, enfin dans cette émotion qui étreignit les fidèles au récit des périls affrontés et des souffrances subies pour la conservation de la foi dans leurs paroisses.

Faut-il s'étonner, maintenant, que sur ces preuves ou ces manifestations accumulées de la réputation de martyre ; — sur cette croyance des humbles et des savants, des individus, des familles et des foules, — sur la relation de grâces nombreuses obtenues par l'intercession des martyrs, Mgr Fulbert Petit, de pieuse mémoire, ait songé à ouvrir un procès canonique d'information pour cent quatre victimes tant condamnées à mort que déportées, et décédées pendant leur exil ? Dieu, qui le rappela à lui, paralysa son projet ; il fut repris par Mgr Gauthey son successeur, qui limita l'enquête aux dix-neuf prêtres tombés pendant la Révolution dans le diocèse. Le décès du Vice-Postulateur M. le chanoine

Rossignot, la guerre avec ses soucis et ses horreurs, la mort enfin de notre Prédécesseur, obligèrent de surseoir à l'entreprise.

La Providence nous réservait — et nous ne pourrons jamais assez dire notre reconnaissance — la joie et l'honneur d'utiliser les richesses accumulées par les générations antérieures et agrandies encore par les recherches patientes de M. le chanoine Joignerey, directeur du Grand Séminaire, du P. Thomas, capucin et d'autres amis des martyrs, et de mettre à exécution le plan conçu par nos vénérables Prédécesseurs. Trois ans et demi d'enquête, des témoignages nombreux, produits au cours de soixante-cinq sessions, un dossier de 2.700 pages en trois volumes in-folio, sont là pour attester que la Cause des Prêtres Comtois, riche de documentation, est une des plus belles de l'Église de France, et pour Nous donner l'espoir qu'elle sera accueillie favorablement à Rome, comme l'a été celles des Carmélites de Compiègne et des Religieuses de Valenciennes et d'Orange et, comme va l'être, en octobre prochain, celle des cent quatre-vingt onze martyrs des Carmes de Paris, parmi lesquels trois enfants de la Comté : MM. Gruyer, de Dole, Lazariste, — J.-Pierre Bangue, de Vuillafans, chapelain de l'Hôpital Saint-Jacques à Paris ; — Gaspard Maignien, d'Amance, curé de Villeneuve-le-Roi, au diocèse de Beauvais. La porte, on le voit, est largement ouverte.

*<br>* *

Nos Très Chers Frères, Notre intention n'est pas de refaire, en détail, dans le cadre trop restreint d'une Lettre Pastorale, la vie des dix-neuf prêtres que Nous vénérons. Nous Nous contenterons plus loin, d'en donner une courte esquisse. Mais, au préalable, Nous croyons devoir insister, en ce qui les concerne, sur les règles, tracées pour le discernement du martyre, par Benoît XIV dans son traité de la béatification des serviteurs de Dieu. « Tous les chrétiens enchaînés, emprisonnés, disait saint Jérôme, ne sont pas des captifs de Jésus-Christ, mais ils le sont véritablement ceux que l'on enchaîne et que l'on emprisonne pour le nom de

Jésus-Christ et pour la Confession de sa Foi : il n'y a que le sang répandu pour le nom de Jésus-Christ qui fasse un martyr. » « Ce n'est pas la peine qui fait le martyre, disait à son tour saint Augustin, c'est la cause pour laquelle on l'endure, et cette cause ne peut être que celle de Jésus-Christ. »

Reprenant à son compte ces principes essentiels, Benoît XIV proclama donc martyrs « Ceux qui, d'une part, ont été tués en haine de la foi et ceux qui, d'autre part, ont accepté la mort par amour de Dieu, et ont persévéré jusqu'à la fin en cette acceptation ».

Ces principes énoncés, n'hésitons pas à l'affirmer : nos prêtres com tois ont été à ce double point de vue des martyrs.

Et d'abord quels furent les sentiments des persécuteurs ? Il ne manque pas d'hommes pour prétendre, que si la haine de la religion est entrée pour quelque chose dans les massacres de la Révolution, on songea surtout à punir les délits politiques et l'attachement trop marqué à la Royauté : « Il n'y aurait point eu de décret contre la religion catholique et qui ait obligé personne à l'abdiquer : elle aurait été seulement mise sur la même ligne que toutes les autres religions pour lesquelles le gouvernement professait la même tolérance. » C'est là, N. T. C. F., une profonde erreur. Accordons à ces hommes que, dans l'Ouest de la France, la cause de la mort de quelques-uns, se déclarant aussi royalistes, semble mixte, c'est-à-dire à la fois politique et religieuse. Mais, dans l'ensemble et principalement pour nos prêtres Comtois, la cause fut uniquement religieuse ; sous la poussée des libertins, des disciples de Voltaire et de J.-J. Rousseau, et surtout de la franc-maçonnerie, dont l'influence fut prépondérante, dans les Assemblées primaires et secondaires du Tiers-État, soit pour la rédaction des Cahiers et le choix des élus, soit aussi dans la Constituante où les maçons étaient en majorité, des doctrines éminemment subversives et destructives de la religion, élaborées d'avance, furent mises au jour et des lois anticatholiques votées.

Nous ne rappellerons pas ici les lois de persécution qui furent successivement promulguées sous les peines les plus graves, de 1789 à 1792. Toutes avaient pour but la destruction du catholicisme en France, et refuser d'y adhérer par serment, entraînait pour les prêtres

10

fidèles, la déchéance du titre de citoyen, l'émigration, la déportation ou la mort. On les appelait « insermentés ». En fait, tous nos martyrs étaient des prêtres « insermentés », car tous furent arrêtés et condamnés pour refus de serment ou pour serment avec des réserves, et tous étaient des victimes de la foi. En vain les législateurs et leurs représentants, dans les Départements, affectaient de ne s'en prendre qu'au fanatisme et à la superstition. Ils abattirent le trône, ils voulurent encore abattre l'autel. Chez nous, membres des Districts, magistrats chargés de la justice, Clubs ou Sociétés populaires, Journaux comme la *Vedette*, le *Neuf Thermidor* et la *Feuille Hebdomadaire* s'acharnèrent avec une véritable sauvagerie sur le Clergé et les catholiques sincères. Les listes d'émigrés ou de déportés furent dressées sans contrôle sérieux, sur de basses accusations. Nos prêtres furent traqués, arrêtés, voués à la mort comme des scélérats. Par une interprétation abusive, contre laquelle s'éleva avec force le Jurisconsulte Proudhon, émigrés et déportés furent, à dessein, confondus pour la peine. On en voulait au prêtre seul, à son ministère auprès des âmes. Rien n'était trop dur comme châtiment.

Mais peut-être on Nous objectera encore que Nos martyrs furent les instigateurs de la Petite Vendée dans nos montagnes Comtoises et jouèrent ainsi un rôle politique, passible de la sentence de mort. Outre que nos montagnards, en révolte contre l'oppression, songeaient plutôt à sauvegarder leur liberté religieuse qu'à restaurer la Royauté et à protester, sans cesse et uniquement, contre les lois qui n'avaient qu'un but : détruire le catholicisme, les Huot, les Capon, les Robert, les deux Roch, Dom Lessus et les autres ne cessèrent, de leur côté, de protester qu'ils étaient des citoyens paisibles, soumis aux lois justes, et qu'ils avaient, nettement, désapprouvé le mouvement insurrectionnel. — Les Juges n'invoquèrent pas moins ces prétextes pour donner une base apparemment juridique à leur condamnation. Il reste donc vrai que le prêtre seul était surtout visé, et qu'en le fusillant ou en le guillotinant on espérait ruiner plus vite le catholicisme, pour mettre à sa place le culte de la déesse Raison, de l'Être suprême, du décadi. — Nos dix-neuf victimes, sacrifiées pour avoir voulu sauvegarder les droits de Dieu, de l'Église, de la conscience et condamnés « en haine de la foi » sont donc bien de ce chef des martyrs.

*
* *

Nous ne lisons pas, sans émotion, ce passage du onzième chapitre de la deuxième épître aux Corinthiens, dans lequel saint Paul énumère les difficultés inouies, les obstacles de tous genres, les dangers de toutes sortes qu'il rencontrait dans l'exercice de son ministère. Or, nous trouvons, N. T. C. F., une parfaite ressemblance entre la vie de l'apôtre et celle de nos martyrs. Chez tous, même dévouement aux âmes, mêmes courses apostoliques de village en village, aux heures plus propices de la nuit, mêmes voyages incessants de France en Suisse, de Suisse en France, même dédain du danger, des fatigues, des privations, du froid et des intempéries. Missionnaires intrépides, ils allaient, sous l'œil de Dieu, là où les âmes les appelaient, et ils exultaient de joie dans leurs tribulations. Leur vie était un acte d'amour de Dieu permanent. Leur mort fut le sacrifice suprême accepté avec foi, désiré même, et subi en union avec Celui du Christ Jésus sur la Croix, comme nous pourrons nous en convaincre en les passant rapidement en revue.

Le premier, Claude-Joseph Huot, né le 13 octobre 1750 à Laviron, prêtre de 1776, vicaire à Guyans-Vennes depuis cette date jusqu'en 1787, puis vicaire en Chef à la Grange-les-Belvoir de 1787 à 1791, était d'un caractère doux et tranquille, mais d'une âme fortement trempée. Dénoncé pour les réserves mises à son serment du 6 février 1791, et précisées publiquement le dimanche suivant, il dut quitter sa cure, mais n'en continua pas moins, malgré son apparente déportation, à soutenir les catholiques de Laviron, Guyans, Bretonvillers, les visitant de nuit depuis sa masure des bois de Provenchère. Arrêté près de Rosières le 23 juin 1793, il fut conduit à Saint-Hippolyte, puis à Besançon. Il devait y retrouver un prêtre plus jeune, Claude-Ignace Tournier, né à Noël-

Cerneux, le 20 décembre 1766, vicaire et administrateur de **Passonfon-taine** et soumis à la déportation pour refus absolu du serment. D'une exquise pureté de mœurs, d'un esprit très cultivé, d'une foi ardente, l'abbé Tournier s'était acquis une influence extraordinaire dans les Cantons de Vercel, Nods, Orchamps, le Russey, Morteau, et naturelle-ment avait attiré la haine des Jacobins. Ceux-ci finirent par l'appréhender au Mont-Vouillaux, près des Fins, les 24-25 juillet et lui firent subir les pires outrages. A Besançon les deux prêtres partagèrent les mêmes souffrances : leur crime était identique. Ils comparurent, le 7 octobre, devant la Commission militaire comme. déportés rentrés et insermentés. L'abbé Huot ne se reconnut d'autre tort que celui d'avoir accompli des actes de ministère sacerdotal et d'avoir prêché la soumission aux lois. L'abbé Tournier, sommé d'expliquer pourquoi tous les déportés ne ren-traient pas en France, fit cette noble réponse : « Dans les moments de persécution — les beaux jours de l'Église militante, — pour que la gloire et le triomphe du Christ soient complets, il doit y avoir des prêtres dans les prisons, il faut qu'il y en ait sur les échafauds, il faut qu'il y en ait en exil. » Condamnés tous deux à mort, ils ne furent pas attristés, à en juger par cette lettre écrite, quelques instants auparavant, à leur commun défenseur Clerc : « Nous ne connaissons pas encore la sentence prononcée contre nous, mais tout annonce qu'elle remplira nos vœux en nous faisant quitter ce lieu d'exil pour nous introduire dans la céleste patrie. » Avant d'être fusillés à Chamars, ils se jetèrent dans les bras l'un de l'autre, se donnèrent mutuellement l'absolution, et adressèrent à Dieu cette der-nière prière : « Mon Sauveur, Nous unissons notre mort à la vôtre. Dai-gnez agréer notre sacrifice. » Ils tombèrent sous les balles des gardes-nationaux, le 8 octobre 1793.

L'abbé Capon, né à Besançon le 16 février 1767, fut la troisième vic-time. Prêtre du 19 mars 1791, comme l'abbé Tournier, successivement vicaire à Lantenne et au Landeron où il s'était réfugié par fidélité à Mgr de Durfort, archevêque de Besançon, et hostilité à l'intrus Seguin, il fit des instances auprès de Mgr de Chaffoy pour revenir en Comté. Son rêve était de travailler six ou sept mois pour les âmes, après lesquels,

ajoutait-il « Si Dieu daignait m'appeler à Lui par la voie du Martyre,
quel bonheur ce serait pour moi ! » — Sa prière fut exaucée. Arrêté le
28 octobre 1793, près de l'Hôpital du Grosbois, il fut traduit devant le
tribunal criminel de Besançon. S'il était rentré en France, affirma-t-il,
c'est qu'il avait voulu être utile à sa patrie en assistant de tout son pouvoir les fidèles qu'il savait sans prêtres, et en les affermissant dans la foi.
Insermenté, il est vrai, soumis à Dieu plutôt qu'aux hommes dans le
conflit des lois, il savait à quoi il s'exposait. « Je connaissais la loi avant
de rentrer en France, ajoutait-il au Juge visiblement embarrassé. »
La veille de son jugement, il avait consolé son père par ces mots : « Que
peut-il vous arriver de plus heureux que de voir un de vos enfants appelé
à verser son sang en témoignage de la doctrine de Jésus-Christ et d'avoir
un martyr dans votre famille ? » Le jour du supplice, il fut calme,
affable et monta à l'échafaud, Place Saint-Pierre, à Besançon, pour
recevoir sa couronne : 7 novembre 1793.

Le 3 janvier, c'était, à Dole, le tour de l'abbé Renel. Né dans cette
ville, le 18 mars 1760, vicaire de sa propre paroisse, prêtre consciencieux,
zélé et désintéressé, il ne consentit à prêter serment qu'avec des réserves
formelles qui furent omises dans le procès-verbal et contre l'omission
desquelles il protesta énergiquement. Encore qu'il n'eut point quitté sa
résidence, il fut arrêté comme émigré. En vain des témoins se présen-
tèrent pour infirmer cette inculpation. On ne les écouta point. Le siège
des Juges était fait. L'un d'eux l'avoua cyniquement, et l'abbé fut exécuté
le 3 janvier 1794. Il avait demandé autrefois de mourir à l'âge du Sauveur, de mourir un vendredi et de mourir martyr. Il fut pleinement
exaucé. Ses lettres et son testament spirituel écrit dans la prison, ne lais-
saient aucun doute sur ses sentiments de foi et de résignation joyeuse à
l'heure suprême.

L'abbé Robert, né à Mont-de-Vougney, le 16 février 1761, avait une
nature ardente, un zèle, qui voyait le but à atteindre sans voir les dangers, un esprit ingénieux et une agilité extraordinaire pour dépister ses
ennemis. Poursuivi à Guyans-Vennes où il avait été vicaire, comme aussi
dans sa région natale, il échappa longtemps à toutes les recherches.

14

On devine donc la colère des Jacobins qui l'accusèrent bien à tort — car il désapprouva le mouvement — d'être l'instigateur de la Petite Vendée. Aussi, manifestèrent-ils une joie sauvage quand ils apprirent son arrestation chez son oncle, dans son propre village. A Belvoir où il fut enfermé, l'abbé Robert ne cessa de consoler ses coprisonniers : « Qu'on est heureux, leur disait-il, d'avoir conservé la foi à l'heure où je suis. » Avec eux il priait, chantait des cantiques, il chantait même sa propre messe mortuaire et les chrétiens lui répondaient de la prison en face de la sienne, et ils se hissaient jusqu'au soupirail pour voir de leurs yeux le Confesseur de la foi qui, à la fin de la Préface, s'offrit à Dieu en victime : « Daignez agréer, dit-il, le seul sacrifice qu'il soit en mon pouvoir de vous offrir, celui de mon sang et de ma vie. Je l'unis au grand sacrifice que vous avez offert sur le Calvaire. Puisse l'effusion de mon sang apaiser votre colère... et expier mes péchés ! » L'abbé Robert bénit ses coprisonniers qui le voyaient déjà auréolé des gloires du martyre, pardonna à ses persécuteurs, sollicita en vain de mourir en regardant le ciel, et tomba sous le conteau de la guillotine le 24 janvier 1794. Avec ce martyre le ciel eut un élu de plus.

La sixième victime fut un capucin, Edmond-Antoine Delacour, né le 17 novembre 1738 à Vyt-les-Belvoir. Sa science, son caractère doux et serviable, sa prudence le firent choisir pour maître des novices et vicaire du Couvent de Dôle. Il se refusa à tout serment, et ne sortit de France que pour un pèlerinage à Notre-Dame des Ermites. Arrêté non loin de la frontière, près de Boujeons, il fut conduit à Mouthe et de là à Pontarlier et à Besançon. Comme on lui demandait s'il avait fait du ministère : « Oui, répondit-il, toutes les fois que l'occasion s'en est présentée. »

Condamné à mort comme émigré, il fit cette seule réflexion « La loi qui me condamne est injuste. Quant à moi, je suis content de verser mon sang et de donner ma vie pour la confession de ma foi et pour l'amour du Christ ». Il fut exécuté le 9 mars 1794.

Dom Lessus, Chartreux de Montmerle (Ain), était né à Bonnétage, le 14 avril 1766. Insermenté et dans l'impossibilité de mener une vie commune, il rentra dans son pays natal et se dépensa sans compter, sous tous les déguisements, même celui de gendarme, pour le salut des âmes.

Son rayon d'action était très étendu. A Pontarlier, surtout, il fit merveille, et échappa souvent à ses persécuteurs. Mais, enfin, il fut pris au moulin de Chaffois, condamné à mort et exécuté à Pontarlier, le 26 avril 1794. Jusque dans sa prison, il avait été apôtre. Avant de monter à l'échafaud il écrivit ces lignes : « Adieu, mes amis, je quitte cette terre d'exil pour aller dans notre véritable patrie où nous nous réunirons un jour. » Il ne se départit point de son calme, ses yeux, tournés vers le ciel, étaient illuminés d'un rayon de foi. Dès la première heure, le peuple vit en lui le saint, le martyr, et maintenant encore nombreux sont les pèlerins qui viennent prier à sa tombe.

Si les montagnes du Doubs fournirent quelquefois les pires Révolutionnaires, elles offrirent aussi le plus fort contingent de nobles victimes. Nous signalerons, parmi celles-ci, deux cousins — Louis-Joseph-Théodore et Modeste-Ambroise-Augustin Roch — tous deux de Provenchère. Le premier, né le 12 janvier 1762, le second le 15 avril 1760. Celui-là vicaire à Jonvelle, celui-ci à Landresse. Louis alliait à une piété et une science profondes un zèle ardent et infatigable, une charité sans bornes et le goût des austérités. Il fut l'âme des catholiques de sa région natale par ses prédications faites de nuit, par ses lettres aux prisonniers de Vaucluse, Belvoir, la Seigne. « J'ai confessé, baptisé, dira-t-il à ses juges, administré les sacrements et prêché l'Évangile autant que j'ai pu. » Et il exposa maintes fois sa vie, témoin le cas de M<sup>me</sup> Receveur. Arrêté le 16 avril 1794, à Péseux, il n'en manifesta nulle émotion : « Jamais de ma vie, écrivit-il à ses parents, je ne me suis trouvé à pareille fête. Je pars pour Saint-Hippolyte et de là à la guillotine. » Et encore : « Je n'ai plus qu'une crainte, écrivait-il aux fidèles, qui est de ne pas être condamné à répandre mon sang pour Jésus-Christ, plus qu'un désir qui est de mourir pour Lui ». Il fut mis à mort le 4 mai 1794. Quant à Auguste, riche également de vertus et de mérites, il se montra non moins apôtre. Ayant appris que son cousin Louis avait subi le dernier supplice, il écrivit tout aussitôt à l'autorité ecclésiastique pour réclamer la place laissée vacante, et opéra bientôt les plus grands fruits parmi les catholiques. Le mouvement religieux d'alors fut vraiment merveilleux. On estime à dix mille le nombre des personnes qui prirent part à une procession solennelle du côté d'Étalans, dans laquelle on compta vingt-deux bannières. Appréhendé à Villerschiel, paroisse d'Esmondevillers, aujourd'hui Villers-la-Combe, sur dénonciation d'un prêtre apostat, Augustin resta digne de son sacerdoce, témoin son attitude recueillie et charitable dans la prison, témoin aussi ces lignes écrites à la veille de sa mort à ses parents : « Vous ne pouvez pas vous imaginer quelle tranquillité règne dans mon âme. Je suis lié, je porte des chaînes, mais la paix et la joie sont dans mon cœur. » Il subit le dernier supplice le 1er août 1794.

Adrien Pégeot, né à Soye le 26 février 1761, et Capucin sous le nom de P. Élisée, est une figure vraiment originale. Son Éminence le cardinal Dubillard avait avec cet humble enfant de Saint-François un lien de parenté et n'a rien épargné pour en promouvoir la cause. Le P. Élisée quoiqu'insermenté garda le plus longtemps possible la vie commune. Pressé de gagner la Suisse : « Non, dit-il, ma vie n'est pas si précieuse que je désire aller la mettre en sûreté à l'étranger. On m'égorgera ici si l'on veut. J'y resterai pour rendre quelques services aux catholiques. » Son champ d'activité fut Besançon et les environs qu'il parcourait sous les déguisements les plus divers de jardinier, de coquetier, toujours soucieux du bien des âmes, sans oublier celles de ses parents. Il allait au-devant de prêtres rentrés en France quand il tomba à Guyans-Durnes dans un guet-apens. Jugé à Besançon comme prêtre insermenté et déporté rentré en France, il fut condamné à mort. La guillotine ne lui fit pas peur : « La plus grande consolation que je puisse éprouver c'est de savoir que c'est comme prêtre que je meurs... La Providence ayant décidé de mon sort, je m'y suis soumis et m'y soumets avec toute la résignation possible... » Lorsque l'intrépide religieux eut gravi les marches de l'échafaud le 26 novembre 1794, se voyant dans l'impossibilité de bénir le peuple avec la main au moment ou le couperet allait tomber, il traça sur la foule, avec la tête, le signe de la Croix.

Jean-Pierre Cortot, né à Cintrey, le 18 mai 1752, était de la famille des Cordeliers, quand éclata la Révolution. Professeur de théologie à Montélimar, il quitta cette ville, pour rentrer au pays natal. Sa bonté, sa charité, son zèle empressé lui gagnèrent l'estime des honnêtes gens, mais lui attirèrent aussi la haine des Jacobins. Expulsé en avril 1793, il demeura quelque temps à Soleure, puis regagna la France pour exercer son ministère. Ce fut pour peu de temps. Des gendarmes l'arrêtèrent près d'Ornans et le conduisirent à Besançon. Quelle joie pour lui ! Pour entendre sa sentence, il se mit à genoux : « La Grâce que Dieu me fait, dit-il, est si grande et je me reconnais si indigne du bonheur de mourir pour Lui, que mon cœur, ne pouvant exprimer toute sa reconnaissance, mon corps y supplée par cette posture. » Il mourut, le 19 décembre 1794, sous le nom de Clément, son nom de religion qu'il avait substitué à son nom patronymique pour éviter des ennuis à sa famille.

Dans le sanglant holocauste, la Haute-Saône compte six de ses enfants. Nous n'amoindrissons le mérite d'aucun d'entre-eux en disant que la mort du P. Grégoire des Mineurs Capucins, né à Saint-Loup, le 12 octobre 1760, a eu dans l'histoire un retentissement à nul autre pareil. Écolier studieux non moins qu'édifiant, plus tard religieux fidèle autant que dévoué aux âmes, il fut toujours l'honneur de sa famille et de son Ordre. Nulle fatigue ne le rebutait, et malgré ses conquêtes d'âmes il ne se regardait que comme un serviteur inutile. Dénoncé à Villedieu-en-Fontenette par l'instituteur, il fut pris et emmené à Vesoul. Son avocat, pour le sauver, lui fit accepter — sous prétexte d'épargner un crime aux juges — une fiction de serment. Averti par un ami du scandale causé, il se ressaisit bien vite, répara sa faute, puis ajouta : « Je suis prêtre catholique, et c'est en cette qualité que je suis resté en France pour y exercer mon ministère et travailler au salut des âmes... si cette conduite est un crime aux yeux des hommes et vous décide à prononcer contre moi un arrêt de mort, je l'accepte volontiers, et je meurs sans peine pour le service de mon Dieu. » Condamné, il remercia les juges en ces termes : « Vous me procurez le bonheur après lequel j'ai soupiré si longtemps. Oui ce jour est le plus beau de ma vie, puisque j'ai l'occasion d'avoir réparé une faute et de l'avoir lavée dans mon sang. » Il consola enfin ses amis :

« Voyez, leur dit-il, si on ne me fait pas bien de la grâce. On me fait mourir
le même jour et à la même heure que Jésus-Christ, mon Sauveur et mon
modèle. » Sa tête tomba, à Vesoul, le 15 janvier 1796.

Originaire d'Échenoz-la-Méline où il naquit, le 7 août 1743, l'abbé
Patenaille fut successivement vicaire à Quincey, à Arc-et-Senans, curé
d'Arlay (Jura) ; il ne consentit, en 1791, à prêter le serment que sous
d'expresses réserves, ce qui équivalait à un refus — et après avoir quitté
sa cure sans sortir de France, il se dévoua aux catholiques de la région
d'Ornans et de Quingey. Une baraque, proche le puits de la Brême, lui
servit longtemps d'abri ! mais il ne put échapper aux recherches des
Jacobins qui s'emparèrent de lui et le firent traduire à Besançon devant
une Commission militaire comme émigré. Sœur Grimont lui ayant
annoncé sa condamnation en termes voilés : « Vous avez une manière
d'annoncer à quelqu'un sa mort, répondit-il, dont on ne peut se fâcher :
*lætatus sum in his quae dicta sunt mihi* ». C'était la réédition de ces mots
écrits en 1791, à un ami qui lui reprochait d'être insermenté : « Je suis
prêt à tout pour ma religion. Je lui ai fait le sacrifice de mon bien-être,
et avec l'aide de Dieu, je lui ferai encore celui de ma vie. » — Il mourut
courageusement le 9 décembre 1797.

On peut en dire autant de l'abbé Galmiche, né à Villedieu-en-Fontenette, le 5 juin 1745, et curé de Dampierre-sur-Linotte. Homme de
science et de piété, il refusa tout serment ; très attaché à ses paroissiens,
il resta longtemps au milieu d'eux, puis dans les pays voisins, pour rendre
son ministère plus facile. Une trahison le livra à ses ennemis. Traduit
devant la Commission militaire siégeant à Besançon, il fut condamné à
être fusillé à Chamars, le 23 janvier 1794. L'idée de la mort n'affaiblit
point son courage. « Je vous ai toujours dit, écrivit-il à ses paroissiens
la veille, que non seulement j'étais prêt d'être lié et garrotté, mais encore
de mourir pour le nom de Jésus. Ce moment est arrivé, mes vœux, mes
désirs sont exaucés. »

Compatriote de l'abbé Patenaille, l'abbé Jacquinot, né le 29 mai
1749, fut vicaire à Fougerolles, puis à Melincourt. Plutôt que de prêter
serment, il prit un passeport de déportation pour la Suisse, mais revint

bien vite en France où l'appelaient son zèle et sa charité. Par malheur, une maladresse de son neveu trahit sa présence et le fit arrêter. Jugé par la Commission militaire de Besançon, il fut assimilé à un émigré et condamné à mort. Le jour même, il fit à ses coprisonniers les réflexions suivantes, dignes d'un vrai martyr : « Ah! quel bonheur de mourir pour Dieu. Je puis donc assurer que je ne voudrais pas que mon jugement fût différent. Toute ma vie j'ai eu la plus grande frayeur de la mort, et maintenant je la vois venir avec plaisir. Mon divin Sauveur éprouva les trois tristesses de l'âme. Dieu m'en a préservé jusqu'à présent. » — « Ce qui doit vous réjouir, écrivit-il enfin à son frère, c'est que je viens d'être condamné à mort. On ne peut finir pour une meilleure cause et dans des circonstances plus favorables. » Il reçut sa récompense, le 27 janvier 1798.

Capucins et Cordeliers avaient eu leurs martyrs ; les Pères de Saint-Vincent de Paul eurent aussi le leur dans la personne du P. Martelet, né à Jussey, le 10 décembre 1760. Au Mans, à Saint-Omer, à Jussey où il revint enfin, il fit preuve du même zèle, de la même foi, du même dédain de la mort. Condamné par la Commission militaire comme émigré, malgré de nombreuses attestations contraires, il subit avec joie son supplice, le 9 février 1798 : « Je meurs content, disait-il à ses confrères, et je rends grâces au Seigneur qui n'a pas permis que je fusse abandonné à ma propre faiblesse. Que sa volonté s'accomplisse en moi, et si mon sang pouvait lui être assez agréable pour servir à l'expiation de mes iniquités et de celles de notre malheureuse France, je n'en verserais jamais autant que je le désirerais, mais hélas, mon indignité !... »

Insermenté, l'abbé Claude Perrin, né à Loray, le 27 juin 1765, et vicaire à Grand'Combe de Morteau, ne le fut pas au sens strict du mot. Mais les réserves apportées à son serment équivalurent à un refus. Déporté d'abord en Suisse, il regagna vite sa montagne. Furieux de son activité, les révolutionnaires et le renégat Magnin Tochot à leur tête, s'acharnèrent contre lui. Aux gendarmes qui l'arrêtèrent à Plainmont et qui le traitèrent de gueux, de vaurien, de brigand, il répondit fièrement : « Je suis prêtre... je suis votre prisonnier, je suis bien blessé, mais je ne changerais pas mon sort contre le vôtre. » Avant le jugement, il éprouva les terreurs de la mort, mais la lecture de ce jugement lui enleva toute crainte, tout effroi, toute tristesse. « Lorsque tu arriveras chez nous, déclara-t-il à sa sœur, commence par dire « bonne nouvelle, réjouissons-nous, nous avons un frère dans le ciel. » Une dernière lettre à ses parents contient ces mots joyeux : « quel bonheur pour vous de pouvoir espérer de compter un martyr dans votre famille » ; et une autre à ses paroissiens : « Le Seigneur qui m'avait donné la vie, me la demande à présent, et je lui en fais volontiers le sacrifice... Je n'ai jamais rien fait pour mon Dieu qui pût attirer sur moi une faveur aussi signalée que la palme du martyre que je vais recevoir, en rendant hommage à la religion catholique, apostolique et romaine que j'ai eu le bonheur de professer jusqu'ici et que je professerai jusqu'à mon dernier soupir, aidé de la grâce d'en-haut. » Il consomma son sacrifice le 17 février 1798.

L'avant-dernière victime fut Paul Lapierre, né à Valleret (Haute-Marne), le 18 mars 1754, et chantre à Baume-les-Moines (Jura). C'était un homme au caractère franc et ouvert, au cœur désintéressé, à l'allure, toute militaire, et prêt à toutes les privations. Arrêté à Vernois le 9 mai 1798, il fut condamné à comparaître devant la Commission militaire de Besançon. Avant de s'y rendre, il déclara hautement : « Mon divin Sauveur a été traîné à bien des différents tribunaux et bien maltraité pour l'amour de moi, et moi je ne serai traduit que devant un seul. » Au mot de mort : « Quoi ! vous m'accordez la grâce du martyre à moi, quel bonheur ! » et peu avant l'exécution : « l'heure de mon bonheur approche. Que Dieu me fait de grâces, que je suis content ! mais je le serais bien davantage si je pouvais mourir sur une croix comme mon Sauveur. » Il refusa de se laisser bander les yeux, leva les yeux et les bras au ciel et mourut pour son Dieu, le 27 juin 1798.

L'abbé P. Mathilde Bertin Mourot clôt la série de nos dix-neuf prêtres martyrs. Né en 1760, à La Longeville, paroisse de Montbenoît, il fut ordonné prêtre en 1783. Il exerça les fonctions de vicaire à Port-sur-Saône, et peu de temps après à Darnay, en Lorraine. Ame droite et fière, il demeura, lors de la prestation du serment, fidèle à son Dieu et à son évêque, préféra la déportation à l'apostasie, et soit dans sa montagne voisine de la Suisse, soit plus tard, à Besançon, n'en continua pas moins, entre temps, à baptiser et à confesser. Mais pour lui comme pour ses amis l'heure du martyre était proche. Saisi dans la Maison de l'apothicaire Baratte, à Bregille, il fut livré aux juges militaires. Loin de trembler devant eux, il leur reprocha avec dureté leur conduite et affirma hautement sa foi. La sentence de mort n'était pas douteuse. Quoique de caractère emporté, l'abbé l'accueillit d'un air tranquille : « Ah ! écrivait-il alors à ses parents, si vous saviez comme je le sais à l'heure où je suis, combien il fait bon avoir bien vécu, combien surtout on a à regretter de n'avoir pas rempli ses obligations, chacun dans son état — même en donnant sa vie pour sa foi... faites aujourd'hui ce que vous voudrez avoir fait à ce dernier moment qu'il faudra paraître devant le Souverain Juge... Adieu, adieu !... Dieu veuille pardonner à mes ennemis comme à moi ! » Le 30 juillet 1798, l'abbé Bertin recevait au ciel la récompense de son courage et de son humilité.

*<br>* *

Et maintenant, N. T. C. F., que vous connaissez mieux la vénération dont nos Martyrs sont l'objet, la haine anticatholique qui fut cause de leur mort, la constance et l'esprit de foi qu'ils manifestèrent lors de leur supplice, laissez-Nous vous exhorter à être, comme eux, des chrétiens sans peur et sans reproche, dans votre vie individuelle, familiale et sociale, à être des ferments actifs de régénération pour notre Pays. Et comme Nous avons hâte de voir la glorification de nos martyrs, faisons, plus que jamais, une sainte croisade de prières, d'efforts, de sacrifices pour le succès de leur béatification ; recommandons celle-ci, le soir dans la prière en commun, le dimanche au prône paroissial. Recherchons encore ce qui aurait pu échapper à l'enquête officielle : écrits, reliques, récits de grâces obtenues, actes de ministère. — Multiplions les Lettres Postulatoires dans le genre de celles des curés de Pontarlier, de Maîche, de Saint-Loup-sur-Semouse. Ces lettres peuvent être signées par les membres des Confréries et les pieux fidèles. Et

22

enfin, pourquoi ne pas le dire dans l'épanchement d'un cœur paternel, pour franchir les étapes à parcourir avant la lecture du décret solennel de béatification, des ressources assez considérables sont nécessaires. Il suffit à votre piété que les besoins de la cause vous soient signalés pour que votre générosité ne permette pas que l'apothéose de nos Apôtres, à qui Nous sommes redevables de la conservation de la foi, subisse, faute de moyens pécuniaires, le moindre retard.

A CES CAUSES :

Après en avoir conféré avec Nos vénérables Frères du Chapitre métropolitain ;
Nous avons ordonné et ordonnons ce qui suit :

### ARTICLE PREMIER

Une Commission permanente est instituée pour réunir les renseignements relatifs à la Cause des serviteurs de Dieu, tués dans le diocèse, pendant la Révolution, et pour recueillir les offrandes destinées aux frais de la Cause. Le siège en est fixé aux bureaux de l'Archevêché.

### ARTICLE II

Cette Commission est ainsi constituée : Président, M. Laurent, vicaire-général ; Vice-Président, M. Panier, Doyen du Chapitre ; Secrétaire M. le chanoine Musy, aumônier de l'Hôpital Saint-Jacques ; Trésorier, M. le chanoine Poirot, Trésorier de l'Archevêché. — Sont nommés membres actifs de la Commission : M. le chanoine Bressand, Directeur au Grand Séminaire ; MM. les Archiprêtres de Saint-Jean, de Vesoul, de Pontarlier, de Belfort, et le R. P. Anselme, Gardien du Couvent de Besançon.

### ARTICLE III

Les documents intéressant la Cause seront adressés à M. le secrétaire Musy, rue de l'Orme de Chamars. Les offrandes seront remises à M. le trésorier Poirot, 3, rue de la Convention.

### ARTICLE IV

Chaque année, une quête sera faite pour les frais du procès dans toutes les églises et chapelles du diocèse, le deuxième dimanche de Novembre. — Cette quête sera annoncée le dimanche précédent à la Grand'Messe.

### ARTICLE V

De ferventes prières seront adressées au Ciel pour qu'il plaise à Dieu d'accélérer l'heure de la glorification des Prêtres Franc-Comtois, morts en haine de la religion.

Et sera Notre présente lettre lue dans toutes les églises et chapelles publiques de notre diocèse, le jour de la solennité de la Toussaint.

Donné à Besançon, le 15 octobre en la fête de sainte Thérèse,

**† LOUIS,**

*Archevêque de Besançon.*

Par Mandement de Monseigneur l'Archevêque :

Henri CLÈRE, Chanoine,
*Chancelier.*



24